27
Ln 20504.

ÉLOGE HISTORIQUE

DU

COMTE DE VILLENEUVE-BARGEMONT.

ÉLOGE HISTORIQUE

DU

COMTE DE VILLENEUVE-BARGEMONT,

CONSEILLER D'ÉTAT,

PRÉFET DU DÉPARTEMENT DES BOUCHES-DU-RHÔNE;

PAR M. AUGUSTIN FABRE,

SECRÉTAIRE PERPÉTUEL DE LA SOCIÉTÉ DE STATISTIQUE
DE MARSEILLE.

Lu en Séance Publique le 16 Mai 1830.

MARSEILLE,

TYPOGRAPHIE DE FEISSAT AÎNÉ ET DEMONCHY,
RUE CANEBIÈRE, N° 19.

JUIN 1830.

ÉLOGE HISTORIQUE

DU

COMTE DE VILLENEUVE-BARGEMONT,

CONSEILLER D'ÉTAT,

PRÉFET DU DÉPARTEMENT DES BOUCHES-DU-RHÔNE.

Messieurs,

La tâche que vos réglemens m'imposent est aujourd'hui bien douce et bien consolante. L'éloge de notre digne Président honoraire ne peut me peser; car c'est l'expression des sentimens marseillais, c'est le cri de la vérité, c'est le devoir sacré de la reconnaissance.

Le Comte de Villeneuve naquit à Bargemont, dans le château de ses pères, le 27 juin 1771. Son enfance ne se dissipa point dans les frivolités. Il sut la mettre à profit, et se fit remarquer, dès ses plus tendres années, par l'excellence de son caractère, par un sage esprit d'observation, par son goût pour toutes les choses sérieuses et toutes les nobles jouissances. Il fit ses études avec les plus brillans succès au collége royal et militaire de Tournon. L'affection de ses condisciples et de ses maîtres fut l'honorable prélude de l'estime qu'il devait plus tard inspirer dans les diverses positions de sa vie.

Comme il se destinait à la carrière des armes, il entra, à l'âge de quinze ans, en qualité de sous-lieutenant, dans le régiment de Royal-Roussillon, dont était colonel le marquis de Villeneuve-Trans, son cousin, qui l'avait en quelque sorte adopté (1). Bientôt la révolution éclata, et le jeune comte de Villeneuve vit renverser toutes ses espérances; mais libre de préjugés et de passions, sachant élever au-dessus des vils calculs de l'égoïsme ses patriotiques pensées, il ne manifesta aucune haine pour les améliorations sociales et pour le nouvel ordre de choses. Il offrit l'hommage de son dévouement à la famille royale, et voulut faire partie de la garde constitutionnelle de Louis XVI. Pendant que d'autres, courbant le front devant les grandeurs nouvelles, ne sacrifiaient qu'à la fortune, il crut, lui, qu'il lui convenait mieux d'ouvrir son ame à la pitié, d'être fidèle au malheur, de rendre hommage à la puissance déchue. Ce culte-là n'a-t-il pas son mérite ? M. de Villeneuve, voué à la défense du Roi et de la Reine, avec tout l'enthousiasme de la jeunesse et toute la pureté de l'amour désintéressé, faillit être l'une des victimes du 10 août. Il courut ensuite de nouveaux dangers, et trouva enfin, dans une profonde retraite, un abri contre les persécutions.

L'orage cessa de gronder, et des jours sereins brillèrent sur la France. M. de Villeneuve fut nommé, en 1803, Sous-Préfet de Nérac, où il se fit chérir par l'exercice d'une autorité aussi douce qu'éclairée, aussi juste que bienveillante.

Appelé, trois ans après, à la Préfecture de Lot-et-Garonne, il devint le bienfaiteur de ce département, qui bénit encore sa mémoire. Il fit rentrer la confiance dans les esprits, calma les haines politiques, établit l'ordre dans toutes les parties de l'administration, éleva plusieurs monumens utiles, découvrit de nouvelles sources de prospérité.

On vit des fonctionnaires publics se précipiter au-devant de la servitude, et faire tous leurs efforts pour rendre son joug plus pesant. Mais le comte de Villeneuve, conciliant les devoirs de sa place avec les droits sacrés de la justice et de l'humanité, n'eut d'autre ambition que celle d'adoucir toutes les mesures rigoureuses du despotisme militaire. Il n'alla jamais au-delà de ses exigences et de ses besoins. Il servit son pays sans flatter la tyrannie.

Le règne de la violence est passager; et le gouvernement impérial, quoique protégé par la gloire, n'avait point de base solide. Un jour la fortune lui fut infidèle, la victoire inconstante cessa de lui sourire, et il tomba, comme tombera tout pouvoir qui ne s'appuie point sur les intérêts généraux et sur les libertés nationales.

M. de Villeneuve vit la restauration avec une joie sincère, et les Bourbons, sachant l'apprécier comme il le méritait, lui donnèrent des marques de bonté et d'estime. Le Roi le confirma dans ses fonctions.

Il était à Bordeaux lorsqu'il apprit, de la bouche de Madame la Duchesse d'Angoulême, l'invasion de Napoléon. Il vola à son poste, adressa à ses administrés des proclamations énergiques, fit un appel aux serviteurs de la cause royale, et organisa, avec autant de promptitude que d'habileté, une résistance qui paraissait devoir être efficace. Cependant il fallut céder, lorsque l'aigle impériale remplaça partout le drapeau des lis. M. de Villeneuve donna alors sa démission, et resta caché pendant les cent jours. Il reprit ses fonctions après cette époque, et la population entière de Lot-et-Garonne l'accueillit avec des démonstrations d'alégresse, avec un véritable enthousiasme. Son retour ressembla à une fête de famille, fête aimable de conciliation et de paix. Il était encore là cet homme de bien, ce Magistrat à conscience irréprochable; il était là avec sa raison si droite, avec sa prudence si consommée. Ah! c'est bien celui qu'il fallait pour donner l'exemple de l'union et de l'oubli, pour rapprocher les opinions les plus opposées, pour prévenir tous les excès et cicatriser toutes les blessures. Il comprit sa belle mission, et dignement il la remplit.

A la fin de cette année mémorable, M. de Villeneuve fut appelé à la Préfecture des Bouches-du-Rhône. Placé sur un théâtre plus vaste, il justifia la faveur du Monarque par les difficultés qu'il vainquit et par les talens qu'il déploya.

Que l'on me dise si sa bonté a failli, s'il a commis sciemment une injustice, si le pouvoir était dans ses mains un instrument de tracasserie et d'oppression. Et, jeune encore, il a été arrêté dans la carrière où il pouvait répandre de nouveaux bienfaits!

Depuis plusieurs années, le comte de Villeneuve voyait sa santé s'altérer, ses forces s'affaiblir; mais son zèle ne se ralentit point, et l'amour de la vertu brilla du plus vif éclat dans son cœur.

Dans le courant du mois de juin dernier, la maladie dont il avait déjà ressenti les atteintes, prit un caractère plus grave, et bientôt donna lieu aux plus vives inquiétudes.

Vous peindrai-je, Messieurs, l'intérêt universel dont il devint alors l'objet, les touchantes marques d'affection dont il fut entouré sur son lit de douleur, le triste spectacle de tout un peuple ému? Non; mes faibles paroles seraient trop au-dessous de la vérité, ne pourraient exprimer vos sensations. J'aime mieux en appeler à vos souvenirs. En vain d'ardentes prières s'élevaient dans les temples pour demander à celui qui dispose de la vie et de la mort le rétablissement de ce Magistrat vénéré. En vain conservait-on une espérance consolatrice. Il était dit que l'Administrateur intègre et éclairé serait ravi à notre amour. L'heure suprême était marquée, et le comte de Villeneuve s'endormit de l'éternel sommeil, le 12 octobre à minuit.

A cette nouvelle, notre cité fut dans le deuil. Tous les âges, toutes les conditions se réunirent dans un même sentiment de douleur. On eût dit une de ces grandes calamités publiques qui frappent tous les citoyens dans leurs affections et dans leurs intérêts. La bourse fut déserte, les spectacles spontanément fermés, et lorsque le moment fut venu de rendre les derniers devoirs à ses restes mortels, on put se convaincre de tout ce qu'il y avait de vrai dans la manifestation de nos regrets: Une foule considérable remplit, triste et silencieuse, la cour de la Préfecture. Les harangues funèbres sont presque toujours dictées par un devoir cérémonieux, par une froide étiquette, ou par une amitié complaisante; mais les discours prononcés en face du cercueil du comte de Villeneuve (2) trouvèrent de la sympathie dans toutes les ames. Plusieurs milliers de citoyens prirent place au convoi, formèrent un cortége immense, sans trouble, sans confusion, parce qu'il y avait une pieuse harmonie, un saint recueillement dans cet empressement unanime, dans cette affliction commune.

Etait-ce seulement le favori du pouvoir que l'on honorait ainsi? Voulait-on ne rendre cet éclatant hommage qu'aux dignités sociales? Oh! qu'ils sont mesquins ces hochets de la vanité, qu'ils sont petits ces enfans de l'orgueil devant les grandes et salutaires idées de la mort qui nivèle tout, qui engloutit dans le même abîme mystérieux et le pauvre et le riche, et l'ignorance et le génie! Qu'on ne s'y trompe pas; cet hommage public n'était rendu qu'aux qualités morales de l'excellent Préfet; car peu d'hommes eurent une vie plus remplie de bonnes actions et de travaux utiles, eurent plus de titres que lui à l'estime et à la reconnaissance de leurs concitoyens. Mon langage n'est pas celui de la flatterie qui ne m'aura jamais pour organe; c'est l'accent libre d'une conviction intime. On ne flatte plus les puissans du monde alors qu'ils dorment dans la poussière du tombeau; la voix des adulateurs ne les fatigue plus dans cet asile du silence où ne pénètrent pas le mensonge et les misères humaines. Nous les oublions bientôt s'ils n'ont eu pour eux que la puissance, placés comme nous le sommes sur une scène mobile où passent devant nous tant de grandeurs éphémères. Mais lorsque un administrateur s'est rencontré, tel que celui qui fait le sujet de ce discours, homme de bonne intention et de haute capacité, vertueux sans faste parce qu'il était dans son naturel, bienfaisant sans ostentation parce que c'était sa manière d'être, mettant son bonheur à être aimé, doué d'une aménité qui ne se démentait point, même dans ces momens où la contrariété inspire de la mauvaise humeur aux plus sages, d'une gaîté pleine d'abandon et de bonhomie, d'une bonté gracieuse qui donnait à sa physionomie l'expression la plus aimable, que sa louange retentisse à jamais ! que sa mémoire ne périsse point parmi les hommes ! qu'il soit perpétué le souvenir de ses douces vertus ! qu'il soit fécond, qu'il produise des fruits abondans le germe de ses bons exemples ! Si alors une voix désintéressée s'élève pour prononcer un éloge simple et vrai comme celui auquel il s'adresse, ah ! croyez-le, Messieurs, cette voix est sincère.

Si l'antiquité d'une race illustre qui se lie aux glorieuses annales de notre patrie pouvait enfler le cœur (3), il eût été certainement permis au comte de Villeneuve d'être fier de son origine. Que sont, en effet, auprès de sa famille, ces hommes si hautains et si arrogans qui font sonner bien haut les titres d'une noblesse suspecte, en supposant même qu'elle n'ait point été acquise par des moyens que repoussent la morale et l'honnêteté publique? Le nom des Villeneuve est attaché avec honneur aux grands souvenirs de l'histoire de Provence, à une foule de belles actions et d'exploits éclatans. Eh bien! avec tant de motifs d'orgueil, notre bon Préfet eut une simplicité admirable; jamais il ne manifesta le désir de faire sentir sa supériorité; il fut sans morgue aristocratique. Toujours doux et affable, toujours ennemi de la fraude, de la violence et de l'arbitraire, il ne fut étranger à aucun détail de son administration paternelle; il sut tout approfondir, tout voir par lui-même. Chose rare et remarquable! Toutes les opinions politiques lui rendent justice; tous les partis ont voué un culte pieux à sa mémoire honorée. Pénétré de ses devoirs, il se borna à administrer avec sagesse, avec modération, sans se précipiter en aveugle dans l'arène où les passions s'agitent. Il ne montra jamais une haine ridicule pour la liberté de la presse, qui exprime l'opinion, mais qui ne la fait pas, pour cette presse indépendante, sécurité des bons et terreur des pervers, égide protectrice qui saura bien résister aux coupables efforts de quelques insensés.

M. de Villeneuve ne se borna pas à encourager les lettres et les sciences; il les cultiva lui-même avec succès, et trouva dans l'étude ses plus doux délassemens. Les divers ouvrages qu'il a publiés témoignent de ses connaissances aussi variées qu'étendues (4). Le bon goût, l'esprit des convenances présidaient à ses discours académiques, et ne l'abandonnaient point dans la composition de ses actes administratifs. Son style, sans luxe ambitieux, est toujours pur et facile ; sa pensée, sans prétention affectée, est toujours juste et vraie. On trouve dans ses écrits un ton de persuasion qui pénètre, une couleur de vérité qui charme.

Il est un bel ouvrage, fait sous ses auspices, qui restera comme un monument : c'est la Statistique des Bouches-du-Rhône, à laquelle a travaillé avec zèle un de nos confrères, dont le talent est relevé par la modestie (5).

Ils sont grands les services que le comte de Villeneuve a rendus à notre Département. Par ses soins, d'anciennes routes abandonnées furent rendues praticables, et de nouvelles furent ouvertes. Des ponts, des canaux rendirent les communications plus faciles. N'est-ce pas lui qui a fait revivre ce beau projet du Canal de Provence, qui, s'il était mis à exécution, féconderait les principales villes de nos contrées? N'est-ce pas lui qui a restauré les anciens monumens d'Arles, où Rome, comme partout où passa son pouvoir colossal, a empreint le sceau glorieux de l'immortalité et du génie? N'est-ce pas lui qui a fait élever, à Aix, le nouveau Palais de

Justice, la statue de René d'Anjou, roi populaire, et par conséquent d'exception ; le tombeau de Raymond-Bérenger, prince aimable et doux, qui fit fleurir des vertus consolantes sous les lois de la Chevalerie, accueillit les Troubadours, et leur inspira des chants de volupté et de gloire? Aubagne doit à M. de Villeneuve la statue du savant auteur du *Jeune Anacharsis*; Salon, celle d'Adam de Crapone.

Marseille, objet constant de sa sollicitude éclairée, vit s'élever dans son sein le Cabinet d'Histoire Naturelle (6), placé sous la direction d'un de nos confrères, dont nous apprécions tous le savoir (7); un nouveau port destiné à préserver la ville du fléau de la contagion ; des fontaines publiques; un bel arc-de-triomphe. C'est sous la protection de M. de Villeneuve que notre Société s'est formée et a grandi. Nous l'avons vu souvent assister à nos séances et diriger nos travaux ; nous l'avons vu nous prodiguer des marques d'attachement et d'estime. L'année passée, dans cette enceinte, nous avons entendu sa voix qui ne savait exprimer que de nobles sentimens et des pensées généreuses. Alors nous étions loin de croire que ces accens si chers se feraient entendre à nous pour la dernière fois; et moi, votre faible organe, je ne m'attendais pas à jeter sitôt quelques fleurs sur sa tombe vénérée. Ainsi s'évanouissent nos espérances fragiles et nos projets d'un jour ; ainsi vont toujours les choses humaines sur cette terre où tout périt, hormis le souvenir de la vertu qui vit toujours dans les ames honnêtes et dans les cœurs reconnaissans.

NOTES.

(1) Le marquis de Trans n'ayant point eu d'enfans de son mariage avec la D^{lle} de Chamillard de la Suze, avait, par acte public, laissé au comte Cristophe de Villeneuve sa fortune et le titre de Premier Marquis de France, attaché à la terre de Trans. Il fut victime de nos troubles politiques, et l'effet de ses dispositions périt avec lui.

(2) Ces discours ont été prononcés par M. le baron d'Urre, secrétaire général de la Préfecture, M. le marquis de Montgrand, maire de Marseille, M. Autran, président de l'Académie, et M. Guiaud, président de la Société de Statistique.

(3) Un ancien historien de Provence s'exprime ainsi sur la famille de Villeneuve :

« Cette maison est une des plus illustres de Provence, et les

« marquis de Trans qui en sont les chefs tiennent le premier
« rang, soit aux états, soit aux assemblées de noblesse. La
« tradition de cette maison la fait descendre des anciens prin-
« ces d'Aragon. En effet, les armes de Villeneuve étaient au-
« trefois d'or à quatre pans de gueule qu'ils quittèrent pour
« prendre les lances et les écussons qu'ils portent présente-
« ment. Ils ont paru toujours grands Seigneurs en Provence.
« Le premier dont on trouve de mémoires était Raimond de
« Villeneuve, gouverneur du Comté, qui fut un des princi-
« paux appuis d'Estiennète, fille du comte de Provence, et
« femme du prince des Baux. Cette famille est illustre en al-
« liance. Elle est illustre par les emplois qu'elle a eus. On y
« compte des gouverneurs, des généraux d'armée, et un
« grand maître de Rhodes, dont la valeur et la vertu sont re-
« marquables dans l'histoire de Malte. Elle est encore illustre
« par les grandes terres qu'elle a possédées et dont elle pos-
« sède encore une grande partie depuis cinq cents ans. »

Louvet de Beauvais. — Additions et Illustrations sur l'Histoire des Troubles de Provence, 1re partie, pag. 212. — Aix, 1680.

On lit ce qui suit dans l'Histoire Héroïque et Universelle de la Noblesse de Provence, tom. II.

« Si on voulait déduire tous les degrés de cette maison,
« faire mention de ses alliances et de tous les hommes illus-
« tres qu'elle a produits, il faudrait pour elle seule un volume
« particulier.... L'ancienneté de cette famille en Provence,
« ses alliances avec plusieurs maisons souveraines, la posses-
« sion d'une quantité considérable de grands fiefs, tout cons-
« titue en elle ce qui caractérise les plus grandes du
« royaume.

« Elle s'est divisée en plusieurs branches. La branche de
« Bargemont est une des principales. »

(4) Le Recueil complet des OEuvres du comte de Villeneuve forme trois volumes in-4°, imprimés à Marseille.

(5) M. Négrel-Féraud.

La Statistique des Bouches-du-Rhône forme quatre volumes avec Atlas, imprimés par MM. Feissat et Demonchy. Trois volumes, la première partie du quatrième et la moitié de l'Atlas ont paru. La dernière partie est sous presse.

(6) La création du Cabinet d'Histoire Naturelle date du 1er juin 1819. Le projet, conçu par M. de Villeneuve, fut présenté au Conseil Municipal qui l'approuva, et vota dans le budget de 1818 un premier fonds de 1200 francs. Le Conseil général du Département, accueillant également les vues qui lui furent présentées par le Préfet, alloua la même année, à titre d'encouragement et de secours, une somme de 1500 fr.

Des magistrats et des savans firent don de plusieurs objets de géologie à cet établissement naissant. Le célèbre Haüy lui adressa une série de minéraux qu'il avait choisis et soigneusement étiquetés lui-même. Les allocations faites par la ville furent portées au taux annuel de 3000 francs. Le succès du Muséum fut dès-lors assuré. L'accroissement de ses collections est aujourd'hui important.

(7) M. Polydore Roux.

Ce savant distingué ayant été nommé par le Ministre de l'intérieur Conservateur du Cabinet d'Histoire Naturelle, sur la liste des candidats présentés par la ville, céda à ce cabinet diverses collections qu'il avait commencées.

FIN.

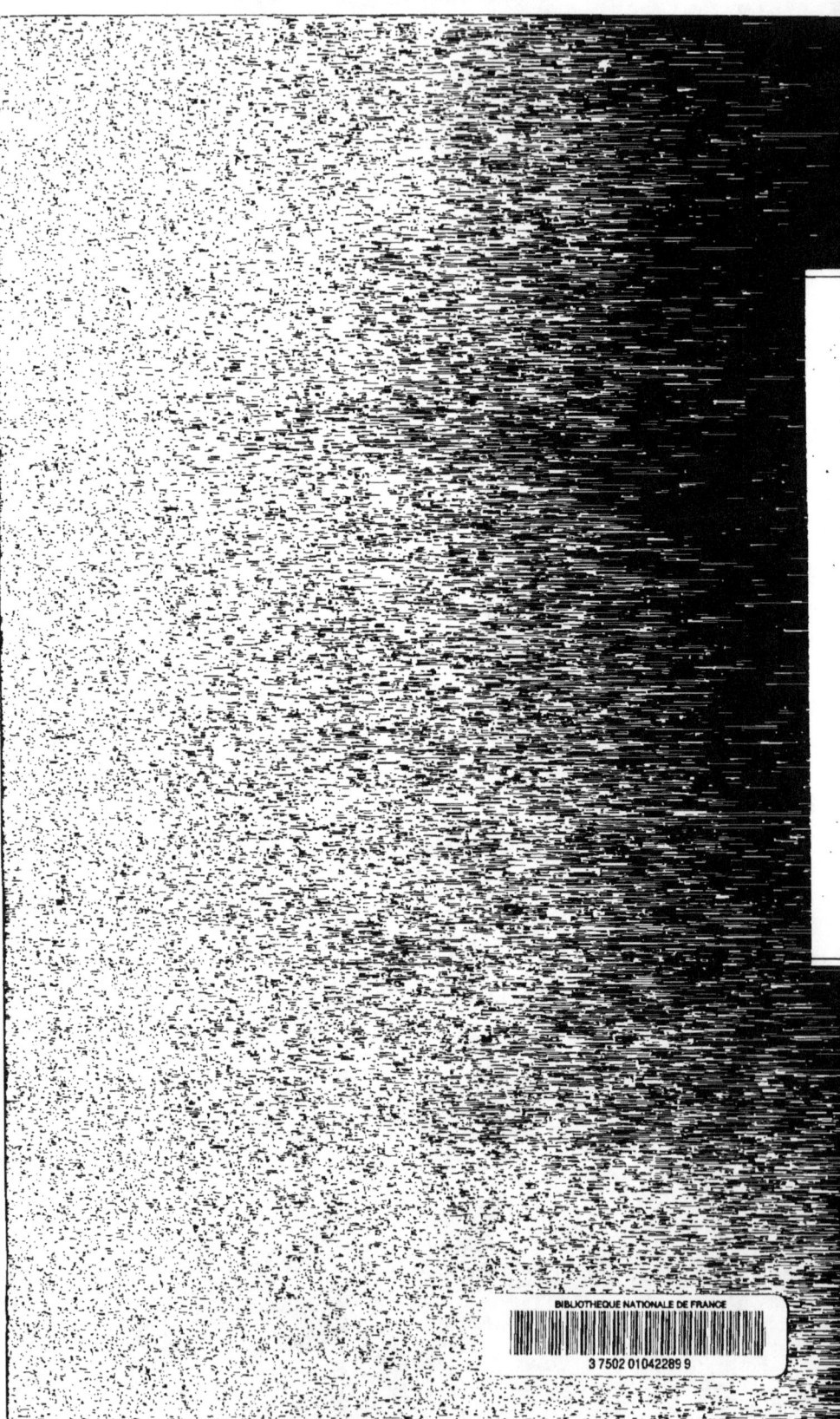

www.ingramcontent.com/pod-product-compliance
Lightning Source LLC
Chambersburg PA
CBHW060638050426
42451CB00012B/2660